MW00450730

Belongs to:

____

Tel:

____

E-Mail:

____

Made in United States
Troutdale, OR
07/05/2023

10982089R00064